U0922825

东京国立博物馆
红糖美学 著
世界博物馆全书
第一辑
華中科技大學出版社
http://press.hust.edu.cn
中国·武汉
有书至美
BOOK & BEAUTY

前言 Preface

世界博物馆全书系列，是我们对艺术与历史的深刻致敬。我们邀请您开启一段跨越时空的探索之旅，一起深入了解和欣赏世界级博物馆的珍藏。这一系列的创作源自我们对人类智慧和美学的敬畏：我们希望通过呈现各地博物馆中的文物精品，启发读者探索不同文明的交融与发展。博物馆，作为历史的见证，不仅守护着人类过去的辉煌，更是启迪未来的灯塔。

每一座博物馆都是一个独立且丰富的“文化宇宙”。它们不只是静默的艺术品和历史进程的展示空间，更是人类历史长河中不断探索、理解和创造文明的见证。这些知识的殿堂，作为文化传承与对话的桥梁，使我们得以与远古的智者沟通，感受历史的脉动。

日本东京国立博物馆作为日本文化遗产收藏展示的重要地标之一，珍藏了以日本为主的东亚地区的美术工艺、历史考古等资料，构成了一个多元化的文化展览和教育平台。自创始之初，博物馆就怀抱着与公众共赴历史旅程的愿景，致力于历史传播与文化教育。从汤岛圣堂大成殿的首次博览会，到如今成为日本重要的文化复合体，东京国立博物馆的发展历程见证了日本社会的变迁和文明的演化。本书虽受篇幅所限，不能尽数展示所有珍藏之宝，但在编纂过程中，综合考量了每件文物的工艺类别、艺术与文化价值、知名度等诸多因素，精选了21件具有代表性的文物。这些文物不仅是艺术的结晶，更是历史的见证，它们各自诉说着独一无二的故事，展现了历史的多维面貌。我们将近距离接触古坟时代的埴轮、桃山时代的金碧障屏画、平安时代的螺钿漆盒以及其他令人惊叹的文物。

希望在阅读本书的过程中，您能与我们一同感受东京国立博物馆的文化深度和历史广度，共同领略这些珍藏文物中蕴含的深邃智慧和璀璨文化。愿这趟旅程能启发您对美、对历史和对人类文明

目录 Contents

MUSEUM OVERVIEW

博物馆概况

东京国立博物馆成立于1872年，是日本历史最悠久的博物馆，同时也是规模最大的博物馆之一。它珍藏了大量日本以及亚洲其他地区的艺术品和手工艺品，是了解日本和亚洲文化的重要场所。

位置与规模

东京国立博物馆位于东京台东区上野公园北端，内有主馆、平成馆、东洋馆、表庆馆、法隆寺宝物馆及黑田纪念馆6个展馆共43个展厅，陈列面积1.4万余平方米。

博物馆的主体建筑有着浓厚的日本历史底蕴，主馆的设计师是渡边仁，该馆是典型的“帝冠式样”建筑。其中最古老的建筑是表庆馆，该馆由宫廷建筑大师片山东熊设计，为纪念皇太子嘉仁亲王（后来的大正天皇）的婚礼而建造。平成馆、法隆寺宝物馆和东洋馆的建筑相对较新。平成馆是为纪念皇太子德仁亲王的成婚而建造的。法隆寺宝物馆由谷口吉生设计，用于展示法隆寺献给皇室的珍贵宝物。东洋馆由谷口吉郎设计，被称为“亚洲的画廊”。博物馆区域内还有资料馆、旧因州池田家表门、旧十轮院宝藏、茶室等。馆区外部还建有黑田纪念馆和柳濑庄。

东京国立博物馆每月会举办讲演会，并放映与文物、考古或艺术相关的电影等，还会将博物馆相关的电影片、馆藏文物相关资料提供给学校和社会教育机构，为保护文化遗产、弘扬东方文明做贡献。

发展历程

东京国立博物馆不仅是日本文化遗产的重要守护者，也是展示东亚地区艺术和推动文化互动的重要窗口。它的发展历程不仅见证了日本的历史变迁，也反映了日本对文化遗产保护和传播的重视。

◆ 创建初期

成立于1872年3月的东京国立博物馆，源起于日本文部省博物局在汤岛圣堂大成殿举办的首次国内博览会，起初被称为文部省博物馆。随后，文部省博物馆于1873年并入太政官正院的“博览会事务局”，并于1875年将“博览会事务局”改称“博物馆”。町田久成作为首任馆长，对日本明治时期的博物馆建设和文物保护做出了显著贡献，并于1877年成功申请将博物馆迁至上野公园。

◆ 从帝室博物馆到国立博物馆

1889年，博物馆改称“帝室博物馆”，九鬼隆一担任馆长。1900年，为了纪念皇太子嘉仁亲王大婚，新建“表庆馆”，1908年完工，至今仍是博物馆的主要建筑物之一。1923年，日本关东大地震严重损坏了当时的总馆和2号馆、3号馆，导致此后十余年间，展览只能在表庆馆一处进行。1938年，新总馆建成，即今天的东京国立博物馆主馆。1940年，馆内举办了纪念皇纪2600年的“正仓院御物特别展览”，参观人数众多，盛况空前。

1947年5月，“帝室博物馆”更名为“国立博物馆”，1952年又改称为“东京国立博物馆”，改称后的首任馆长是安倍能成。

◆ 发行馆刊、扩充馆藏

1947年9月，博物馆发行馆刊《国立博物馆新闻》。博物馆陆续新建了东洋馆、法隆寺宝物馆等，并积极扩充藏品，举办多场特展，包括1965年的图坦卡蒙展和1974年的蒙娜丽莎展等，体现了其在文化遗产保护和教育方面的不懈努力。

东京国立博物馆，作为日本最重要的文化机构之一，拥有丰富的藏品，这些藏品具有历史深度，为研究日本及其他东亚地区的历史发展提供了宝贵的资料。

藏品的价值

东京国立博物馆收藏了众多珍贵的艺术品和文物，馆藏总数约12万件，包括绘画、书法、雕刻、陶瓷、染织、漆工、历史资料、刀剑、金工等，在这些藏品中，有89件被日本政府认定为国宝，另有648件被列为重要文化财产。在法隆寺宝物馆内，收藏了一系列具有重大历史和文物价值的飞鸟时代与白凤时代的文物。同时，博物馆内的东洋馆展示了中国、朝鲜半岛、东南亚、印度、埃及等国家和地区的文物和艺术品。

藏品的范围

东京国立博物馆的藏品主要集中于日本及亚洲其他各国的文物，涵盖了从史前时代直至第二次世界大战结束的众多时期。日本本国的藏品，特别设有专门展室，如展示关于阿伊努人的作品。东洋美术以日本、中国以及朝鲜半岛的艺术品为基础，也包括埃及、印度、东南亚（越南、泰国等）、中近东地区（美索不达米亚等）以及中亚等地区的美术品。此外，博物馆还收藏了南太平洋岛国的民族艺术品以及西方近代的陶瓷和玻璃工艺品。

藏品的种类

藏品的种类包括书画、工艺美术、陶瓷、金工等艺术品，还有考古资料、图书、照片、文献等资料。如平安时代的普贤菩萨像、尾形光琳的八桥莳绘螺钿砚箱，还有江户时代的古文献、拓本等资料。

按照展览场馆划分，东京国立博物馆分为6个展馆：主馆、平成馆、东洋馆、法隆寺宝物馆、表庆馆、黑田纪念馆。

◆ 主馆

主馆以展示日本文物为主，按照从绳文时代到江户时代的历史发展顺序，呈现“日本美术历史概观”。一楼的展览根据工艺门类，如雕刻、陶瓷、刀剑等进行分类展示，二楼则设有专题企划展览。

◆ 平成馆

平成馆包括日本考古通史展览、专题展览、特展和企划展。一楼的考古文物展按照时间顺序，将考古文物进行线性展示，访客可以欣赏到绳文时代的土偶、弥生时代的铜铎等。二楼专门举办特展。此外，馆内还设有讲堂和导览室，用于举办各类演讲等活动。

◆ 东洋馆

东洋馆设置了13个陈列室，分综合陈列、中国艺术、朝鲜半岛艺术、东南亚艺术、西域艺术、印度艺术、埃及艺术等部门。其中，中国艺术有6个陈列室，展示了上万件中国文物，包括史前石器、商周青铜器、唐代金银器、明清时期的瓷器和书画等。

◆ 法隆寺宝物馆

法隆寺宝物馆设置了6个陈列室，专门展示明治十一年由奈良的法隆寺进献给皇室的300多件文物。法隆寺进献的文物极其珍贵，含有大量7世纪的文物。

◆ 表庆馆

表庆馆是日本首个真正意义上的美术馆。表庆馆作为明治末期西式建筑的代表性建筑物，于1978年被评为重要文化遗产。馆内藏品多是日本考古文物。

◆ 黑田纪念馆

黑田纪念馆是根据油画艺术家黑田清辉的遗愿建立的，于1930年设立了美术院附属美术研究所。该馆珍藏了黑田清辉的作品，包括130多幅油画、170多幅素描及各种写生帖。访客可以在“代表作品展室”与“黑田纪念室”中欣赏到这些精美的展品。

按照展览周期划分，东京国立博物馆展览包括特别展和综合文化展。

◆特别展

特别展通常设定某个主题进行大规模企划，比如一个历史时期、某位艺术家的作品、特定的工艺品等。每年举办3至5次。根据主题的需要也会从日本各地或世界各国收集展品。如举办的“本阿弥光悦的大宇宙”“建立900周年纪念特展”、中尊寺金色堂以及东福寺特展等。特别展一般在平成馆二楼举办。

◆综合文化展

综合文化展通常展出博物馆的经典藏品，展品主要由本馆藏品和寺院神社等委托本馆保管的寄存品构成。虽然综合文化展长期对公众开放，但为了避免文物受损，博物馆会根据材质和状态定期换展。例如，绘画、书法、染织、漆工每4至8周更换一次展品。比如，东洋馆主要展出亚洲文物，包括西亚、东南亚、中国、朝鲜半岛等国家和地区的文物，如中国宋代李迪的《红白芙蓉图》。

博物馆展览分布图

主馆

1 片轮车莳绘螺钿手箱

2 桧图屏风

3 土偶

4 蚂蝗绊碗

5 五彩花鸟纹大深钵

6 锈绘观鸥图角皿

7 如来立像

8 金铜火焰宝珠形舍利容器

9 菊花螺钿马鞍

10 山水屏风

11 普贤菩萨像

12 美人回眸图

13 白绫地秋草模样小袖

14 白绉绸地梅树立屏鹰振袖

15 能面三番叟

16 不动明王立像

法隆寺宝物馆

17 龙首水瓶

18 海矶镜

平成馆

黑田纪念馆

博物馆剧场

主馆

法隆寺宝物馆

表庆馆

正门

东洋馆

平成馆

19 埴轮武装男子立像

20 袈裟襷纹铜铎

东洋馆

21 潇湘卧游图

MUSEUM'S TREASURE

镇馆之宝

桧图屏风

『金与墨』交融

《桧图屏风》采用了大和绘常用的大画面构图，以平面化和装饰化的手法处理画面中的物象。画中描绘的物象包含桧树、岩石和群青色池水。巨大的桧树成为整个画面的视觉中心，其遒劲有力的线条和盘旋曲折的树干使空间充满动态感。群青色的水流位于画面下方，水石碰撞激起朵朵水花，平衡了画面，左上方的小水流和山的组合使画面更加饱满，水流也是生命流动和纯净的象征。

《桧图屏风》运用金箔和浓彩相结合的创作方法，是“狩野派”的典型特征。将金作为增强画面表现力的材料，可运用泥金（金泥）、截金（切金）、金箔贴面这三种方式。本幅屏风采用的是金箔贴面的方式，产生出了富丽堂皇的视觉效果，配合浓艳的色彩，充分彰显了统治者的权力与财力，迎合了当时统治者及贵族们的审美趣味。

创作者：狩野永德

创作年代：安土桃山时代，天正十八年（1590 年）

类型：纸本金地着色障屏画

尺寸：长 460.8 厘米；宽 170 厘米

来源地：日本

这幅作品原为京都桂宫（原八条宫）邸的袄绘（隔间纸门绘画），是永德晚年最后期的作品，代表了当时豪壮武家文化的美学。画中的桧树树干扭曲、枝繁叶茂，背景是金箔大地和云，表现了蓬勃的生命力。画面仅包含桧树、岩石和群青色水面，构图简洁，色彩对比强烈。原作为四扇门画，后改为八扇的屏风，2013年进行了大规模修复，将其组合为两扇屏风，以消除画面间的错位并更好地保存。

这幅作品运用色彩的对比使主体物与背景相分离。屏风背景的金箔与群青色的河流对比强烈，凸显了桧树蓬勃的生命力，并赋予了奢华感，山川等其他自然物象的色彩搭配沉稳、和谐。安土桃山时代十分钟爱以绿青、群青、绀青等石色搭配金色，使障屏画具有豪华的装饰性与富丽高贵感。

小提示

障屏画，亦称障壁画或屏风画，包括壁画、袄绘和屏风画，一般画在隔扇、折屏和座屏上，用于美化和分隔室内空间，是一种兼具装饰与实用性的绘画形式。

文物小知识

日本障屏画的发展：从“大和绘”到“金与墨”

日本障屏画的发展与其建筑结构相关。日本建筑以木结构为主，其室内的隔断、间隔的墙壁大都是各种形式的活动壁、活动拉门、屏风、影壁等，为画家提供了丰富的创作空间。

障屏画发展经历的三个高峰

第一个高峰是饱含日本本土风格的“大和绘”式障屏画盛行的藤原时代，此时的障屏画注重色彩的运用，描绘细致，具有强烈的装饰性；第二个高峰是融入中国水墨画风格的“汉画式”障屏画盛行的室町时代；第三个高峰是“金与墨”障屏画交相盛行的桃山时代。桃山时代各地广修城郭和书院，画家们金、墨运用娴熟，此时期被公认为日本障屏画发展的黄金时代。

《源氏物语柏木图屏风》（局部） 土佐光起 江户时代初期

《琴棋书画图屏风》（局部） 狩野元信 室町时代

日本障屏画的形式与主题与中国颇有渊源。屏风源于中国汉朝，魏晋南北朝时期成为王族室内装饰品。据日本史书《日本书纪》记载，日本最古老的屏风是7世纪从朝鲜半岛传来的贡品。日本现存最早的屏风是奈良正仓院保管的《鸟毛立女屏风》。不同时代的日本画师对中国绘画艺术的特质进行选择性吸收，并将其运用到美术创作中。飞鸟时代，中日绘画交流频繁，日本画家吸收了中国绘画技法；奈良时代起，受中国唐代绘画的影响而产生了唐绘；平安中期以后，出现了大和绘。

镰仓至室町时代，中国南宋山水画传入日本，并发展为日本民族化的汉画。安土桃山时代，狩野派吸收大和绘与汉画的长处，创作出金碧辉煌的障屏画。

《牡丹图屏风》
狩野山乐 安土桃山时代

日本传统障屏画的双重魅力

日本传统障屏画主要涉及自然风光和风俗场景两大类。

自然风光包括了山水、花鸟、兽类等。花鸟、兽类多运用写实的表现手法，画家仔细观察它们外形、神态、动作等并通过精细的刻画去表现动态美。自然山水多采用一些抽象的装饰纹饰进行展示。抽象的水纹与写实的树、花、草形成鲜明对比，画面更具有装饰性。

风俗场景的主题包括生活场景、祭礼场景和战争场景，不仅反映了当时日本的社会文化，还丰富地展现了日本的历史和民俗。生活场景通常描绘日常生活中的平凡时刻，如市集、茶会或农村生活景象。祭礼场景描绘宗教仪式和节庆活动，如庆典、寺庙仪式或皇家宗教活动。战争场景描绘古代战役和历史事件，如源平合战、室町时代的冲突等。

《唐狮子图屏风》（局部） 狩野永德 16世纪

《花下游乐图屏风》（局部） 狩野长信 江户时代

日本屏风画师——狩野永德

生卒年： 1543年 — 1590年

画派： 狩野画派（从室町时代到江户时代一直处于日本艺术中心的艺术画派）

代表作品：《桧图屏风》《聚光院障壁画》《洛中洛外图屏风》《唐狮子图屏风》

狩野永德，本名狩野州信，号永德，是日本安土桃山时代“狩野画派”的代表画家，是日本美术史上最著名的画家之一。他出生于越国（今京都），祖父狩野元信、父亲狩野松荣都是幕府御用画师，他的曾祖父狩野正信是日本绘画史上著名的“狩野画派”的奠基人，在画坛拥有不可撼动的地位。

埴轮武装男子立像

日本武人陶俑的代表作

日本邮票上的埴轮武装男子立像

武士戴着一顶精心设计的头盔，头盔附有两片保护脸部的护颊和一个保护后脑勺的盔下护板。脸部造型温柔匀称，显示出制作者手艺精湛。

创作年代：古坟时代，6 世纪
类型：埴轮（人形、马形等土器）
尺寸：高 130.5 厘米
来源地：日本

埴轮武装男子立像也称挂甲武人埴轮，是日本东京国立博物馆中被认为是国宝的单体埴轮。这件埴轮制作于6世纪左右，出土于日本东部的群马县，描绘了一位身着铠甲的武士，他手持一把大刀和弓箭。铠甲和武器细节表现得十分细腻，向人们展现了当时武将的装束。它被用作邮票图案，并成为一些动画片和电影中主人公的原型。

铠甲的细节处有小黏土颗粒，表明铠甲是通过铆钉将铁板与螺柱接合而成的。肩胛骨、膝盖板、鞋、护腿也被表现了出来。

短袖到肩胛骨下方，暗示着手套是直接贴着裸露的皮肤的。这些细节增强了人物的写实性。

武士的右手紧握着系在腰间的一把大刀。左手则佩戴着一个专门的护腕，这个设计可以保护手腕和手臂不被弓弦拉动时产生的摩擦和撞击所伤。他背上背着箭囊，内装箭头向上的箭。

立像上有多个蝴蝶结。护膝和护腿都在腿后挽成结。

小提示

群马县，是位于日本东京都市圈的内陆县，其独特的地形被形象地表述为“形如鹤舞的群马县”。这一地区在古代被称为上野国，在接受了大和政权后，作为国家的中心地而日益繁荣，因此，该地区存在很多古坟与遗址。群马县因其丰富的埴轮遗址被称为“埴轮大县”，在日本被指定为国宝和国家重要文化财产的埴轮中约有四成为群马县内出土。

日本群马县风光

盾形埴轮

文物小知识

古坟时代：原始审美观的确立

古坟时代是日本历史上相对封闭的时期，兴起于大和地区（今奈良）的大和国初步完成了日本的统一。之所以称古坟时代源于当时统治者大量营建古坟。这些古坟基本上遍及除北海道以外的日本全境，反映了各部落和民族之间的迅速融合。

古坟时代的兴衰

古坟时代早期通常根据小山丘等自然地形建造坟冢，规模较小，里面的随葬品主要是铜镜和勾玉等，多数是从中国和朝鲜半岛输入的，后期才出现日本的仿制品。中后期古坟的规模变大，开始在平地上建造，具有代表性的是前方后圆型古坟。8世纪初开始，随着火葬的流行，古坟的建造迅速衰落。

马形埴轮

器具埴轮

古坟时代遗物的价值

古坟时代的遗物，如古坟、古坟壁画、埴轮等是研究无文字记载时代的日本人审美观念的直接资料。埴轮作为古坟时代最受瞩目的艺术品，是了解古坟时代日本社会风貌的重要文物。

埴轮的分类

埴轮是日本古坟时代特有的中空陶器，主要用红褐色泥土制成，摆放在古坟的上方或周围。埴轮的制作方法多样，包括使用黏土条盘绕成型、多部件组合和贴泥片造型，但不采用模具。

埴轮通常会涂以红色颜料，在畿内几乎使用红色，关东地区则出土了各种颜色和造型的埴轮。埴轮造型时各个局部有一定的规格，每个埴轮都是由规范了的眼、鼻、手、耳、嘴、下肢、道具、发式等组合而成，但迄今还没有找到两尊完全一样的。

埴轮可以分为圆筒埴轮和象形埴轮两类。象形埴轮又可分为屋形埴轮、器具埴轮、动物埴轮、人形埴轮四种，通过它们可以了解古坟时代人们的生活方式。

其中人形埴轮，一般由上下两部分组成：上部是直立、双腿并拢或只有上半身的人物，下部是圆筒状的基座（基座可以使埴轮嵌入泥土中并保持稳定）。人形埴轮根据身份的不同，可分为侍从埴轮、武士埴轮、伎乐埴轮、农民埴轮、巫女埴轮等。不同地区的人形埴轮具有鲜明的地域特色，如畿内的巫女埴轮、和歌山的武士埴轮和关东地区种类繁多的埴轮。

动物埴轮

埴轮与陪葬习俗

作为日本古坟时代的土偶殉葬品，埴轮类似于中国古代墓葬中的陶俑，起初被用作陪葬品。陪葬制度的改变可能使得埴轮成为当时唯一被广泛接受的替代陪葬品。埴轮通常呈现各种服侍墓主的仆人形象，但至今没有发现塑造墓主本人形象的埴轮。它们的存在和用途在日本的古文献《日本书纪》中也有记载，反映了那一时期的葬俗和信仰。

龙首水瓶

法隆寺进献宝物

水瓶细长的瓶颈和圆鼓下垂的瓶腹，以及从龙首至瓶身的把手设计都很独特。这种器型的水壶可溯源到古代伊朗地区繁荣一时的波斯萨珊王朝。

创作年代： 飞鸟时代，7 世纪

类型： 金属器

尺寸： 高 49.9 厘米；直径 18.9 厘米

来源地： 日本

这件日本国宝级的铜质水瓶，镀有金银，是法隆寺进献给日本皇室的珍品。其独特之处在于它汇集了通过丝绸之路传入日本的众多地区的造型艺术特色。水瓶上不仅有代表东方的龙首，还精绘了四匹带翅膀的波斯天马，这些天马似乎随时都能挣脱器物的束缚，振翅高飞。

瓶嘴上的龙是吉祥的象征。这条龙面部表现为鼓目翻唇髭须，龙身呈扭转的姿态，背部精细地雕刻有龙鳞。

龙头的上颚设计成翻盖，通过合页与手柄连接。下颚则作为水瓶的倾注口。仅需轻触龙角，就能轻松开启或关闭。

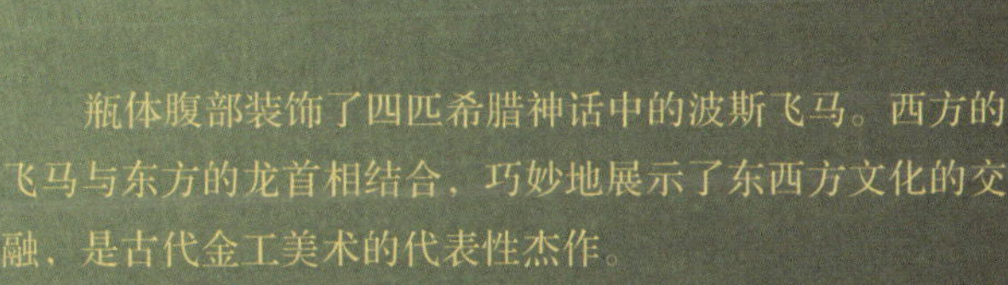

瓶体腹部装饰了四匹希腊神话中的波斯飞马。西方的飞马与东方的龙首相结合，巧妙地展示了东西方文化的交融，是古代金工美术的代表性杰作。

小提示

法隆寺，位于日本奈良县斑鸠町，也被称作斑鸠寺，是圣德太子在飞鸟时代创立建造的佛教寺庙，寺院内有世界上现存最古老的木构建筑群。该寺始建于公元607年，建筑风格受到了中国南北朝时期建筑的影响。法隆寺占地约18.7万平方米，内有40多座建筑，收藏了大量7世纪至8世纪的艺术杰作。

法隆寺风光

文物小知识

中西合璧：龙首水瓶的身世之谜

公元500年至800年，丝绸之路贸易达到顶峰，商人携带大量的商品沿着丝绸之路在中国、中亚与欧洲之间往来。货物的流通推动了不同文化艺术风格的相互融合，由这件中西合璧的龙首水瓶可窥当时艺术文化的交流盛况。

龙首水瓶的身世争议

关于这件文物的来历，素来存在争论。

龙首水瓶上的墨书铭文“北堂丈六贡高一尺六寸”显示该器物是奈良时代法隆寺北堂丈六佛的供物。但在天平十九年的《法隆寺伽蓝缘起并流记资财帐》中没有相关的记载。有些专家认为龙首水瓶来源于中国唐代，但龙首水瓶的龙头样式又与唐代不相符，唐代的龙样式多为长上颚并前伸，而龙首水瓶的龙吻部短且上翻。1989年，中野先生撰写文章指出，与同时期的唐代工艺品相比，龙首水瓶的龙头更加扁平、简化，且制作工艺也更加贴近日本7世纪的工艺技术。自此，该观点成为主流。

波斯萨珊王朝的水瓶

水瓶，根据其形状和功能的不同，被划分为多种类型，包括胡瓶、执壶（或注子）、凤（兽）首瓶、军持和净瓶等，这些器物及其变体多用于宴饮和日常生活中。

龙泉窑青釉净瓶

黄釉凤首瓶

定窑白釉执壶

釉里红缠枝牡丹纹军持

中西方天马图案形象

西方的天马，称为珀伽索斯，是希腊神话中最负盛名的奇幻生物之一，由海神波塞冬与美杜莎所生，属于马神。珀伽索斯以其白色双翼的马形象而闻名。希腊神话中，当美杜莎被斩首时，珀伽索斯和他的兄弟巨人克律萨俄耳一同诞生。

飞马雕塑《国王骑在珀伽索斯上》

中国南阳汉代画像石（局部） 天马

天马在中国古代神话体系中，具有神性、能飞。据《山海经·北山经》记载：生于马成之山上的天马，状如白犬而黑头，见人则飞。中国文物南阳汉代画像石中，可见到天马的形象：前边是一只猛虎正在撕咬一妄图阻碍升仙道路的妖怪，后边是一匹天马腾云驾雾飞奔而来，以此表示墓主人的灵魂将要骑上天马飞升天国。

胡瓶，是一种特殊的水瓶形式，其特征在于瓶体设置了一个细长的把手。这种水瓶起源于波斯萨珊王朝时期，传入中国后，由于中国传统上常用“胡”来指代与西方有关的事物，故此类水瓶被称为“胡瓶”。胡瓶的注水口设计多样，既有龙首，也有凤首。

鎏金银壶

漆胡瓶

青釉凤首龙柄壶

三彩凤首壶

片轮车莳绘螺钿手箱

平安时代漆工艺的代表作

手箱，是指收放化妆用具、纸张、文具等的一种日用家具。当时的人认为车轮具有一定的佛教内涵，这件箱子以车轮纹饰和车轮式的金属配件为主，可推测其用途为存放佛经。

创作年代：平安时代，12 世纪

类型：漆器

尺寸：长 22.4 厘米；宽 30.6 厘米；高 13.5 厘米

来源地：日本

箱盖采用了“被盖造”方式，即箱盖大于箱身，而不是常见的箱盖与箱身完全契合的合口式。

箱身描绘有浸泡在水中的片轮车车轮。车轮之间交叉组合，呈对角线排列，有一定的秩序感。

车轮和水流使用了薄贝螺钿和研出莳绘技法，图案会因光线明暗的不同呈现出多彩效果。

这件莳绘名品是日本平安时代后期漆器工艺的代表作。对于用来装随身小工具的手箱来说形制偏小，采用少见的“被盖造”方式。在木胎上以莳绘与螺钿两种技法，表现了牛车的车轮半浸在河水中的情景。

箱子内部花卉绘制得十分精美，鸟呈圆眼、尖翅的形态，排列也十分自由。花卉与飞鸟以金属色和青金色的交叠使用使图案闪耀着光泽。

该箱子采用的金属配件也是车轮形状。

小提示

片轮车，也称独轮车或单轮车，是日本平安时代贵族出行乘坐的牛车。车轮采用全木结构，不用时就要拆下车轮浸泡在浅滩水流中保持湿润以防开裂。片轮车花纹也是当时用于和纸装饰的流行图样。

《平治物语绘卷·六波罗行幸卷》中的平安时代牛车

文物小知识

精致华美：日本漆艺的发展

日本古代的贵族追求精致奢华的风格，将漆大面积地用于装饰，漆器工艺快速发展，主要的工艺技法有莳绘、沉金和螺钿。

莲唐草莳绘经箱

八桥莳绘螺钿砚箱（正、背面及内部）

日本漆艺的风格变迁

平安时代前期，日本漆艺以学习和模仿中国唐文化为主，多见于佛教美术。平安时代中期后，日本漆器工艺进行了本土化发展，于9世纪左右形成了独特的莳绘艺术，风格淡雅。

日本莳绘

莳绘是在描金漆工艺基础上发展出的具有日本特色的漆工艺技法。利用漆的黏性在漆器上以金、银、色粉等材料绘制纹样，多以黑漆为地，朱漆次之。主要有研出莳绘、平莳绘、高莳绘三种技法。平安时代晚期出现了平莳绘，平莳绘的制作过程如下：先用漆画出想要绘制的花纹，趁着漆还没变硬将莳绘粉（金粉或银粉）撒在上面。待漆干了以后，为了让莳绘粉不掉下来，漆艺家们会在上面再上一层漆。再等漆干了以后，细心研磨、抛光莳绘部分。

葫芦形莳绘清酒容器

螺钿工艺

螺钿工艺是中国传统漆器装饰工艺之一。唐代时，随着中日两国的密切交流，螺钿工艺从中国传入了日本。螺钿是将夜光贝等贝壳内侧的亮色部分根据画面需要磨成较薄的纹饰形状后，镶嵌于漆器物上的装饰技法。平安时代，螺钿常与莳绘一起使用，丰富了漆器的表现形式，显得更为奢华。

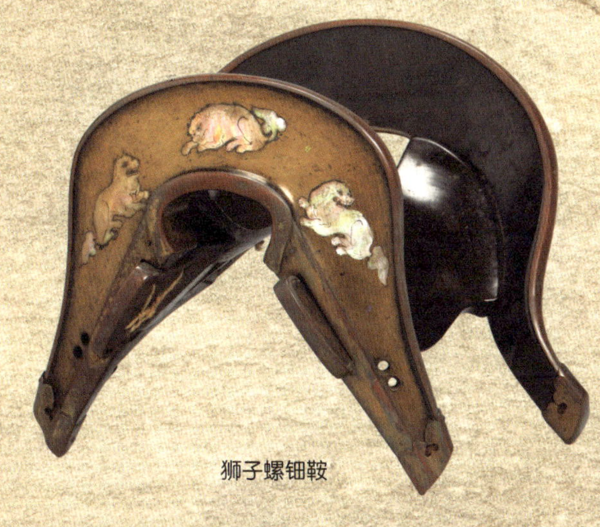
狮子螺钿鞍

平螺钿背八角镜

菊花螺钿经箱

日本漆器的广泛运用

漆具有防水、耐酸、抗污、附着力强等特性，漆类产品因此也具有防水、持久、耐磨、表面光滑、容易清洁等特点，被广泛运用于各个领域。在日本，漆器除了用于餐具、家具等日常生活用品之外，还可用于祭器、武具、建筑物、乐器等。因漆器能够防止药品受潮和虫害，能够保持药品的卫生和有效性，日本医生也常使用漆制药箱来储存和运输药品。

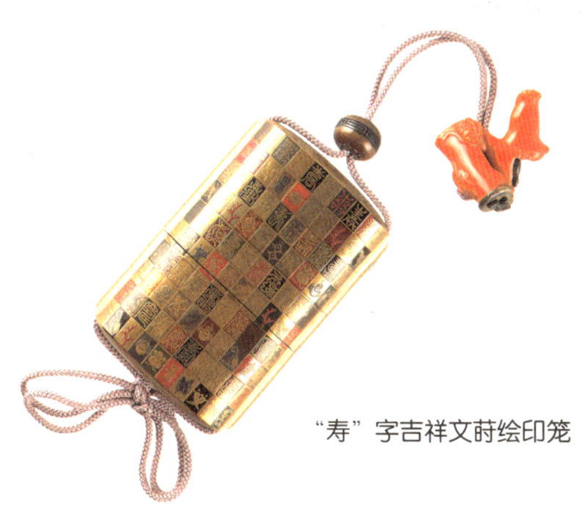
“寿”字吉祥文莳绘印笼

子日莳绘棚

日本传统建筑和家具中使用了大量漆艺，传统的和式建筑中，榻榻米和木板都会被涂上漆，以增强它们的防潮和防虫性能。漆还被用于建筑结构中的防腐处理和建筑装饰，例如屏风、门窗、雕刻等。

MUSEUM COLLECTION TREASURES

馆藏珍品

土偶

绳文文化代表

土偶由低温烧制而成，整个身体是空心的，粗大躯体上接有短手短脚，体现了绳文时代古拙的审美。

土偶肩膀和臀部呈水平方向突出，颈部较粗，胸部较为扁平，臀部微隆。

这件土偶没有典型遮光器土偶的突出大眼，而是采用穿孔的形式表现小眼睛。五官表现手法高度概括，鼻子较为立体。

创作年代：绳文时代，公元前 1000 年 — 公元前 400 年

类型：土偶

尺寸：高 19.2 厘米

来源地：北海道室兰市轮西町出土

土偶的造型令人印象深刻，是根据遮光器土偶仿制的。虽然头部和身体的纹饰表现相对简单，但仍能体现出绳文时代晚期前半叶东北地区流行的遮光器艺术特点。

该土偶采用了绳文时代特有的手法，即通过在湿润的黏土上压印或刻画绳索形状图案来进行装饰。在头后部、胸部和臀部上配有云状图案，不仅为雕塑增添了视觉上的吸引力，也可能承载着当时文化中的特定象征意义。

小提示

土偶，即人形土制品，日本绳文时代的代表性遗物。它们的形态似人形，躯体成板块，表情简单。土偶种类很多，通常被视为女性形象的代表，有观点认为它们与生育和富饶生活有关，可能用于宗教或巫术仪式。在绳文时代晚期，随着东北地区龟冈文化的兴起，出现了一种被称作遮光器土偶的独特形态，这类土偶因其特有的外观和文化意义而广为人知。

东京国立博物馆馆藏土偶

蚂蝗绊碗

东京国立博物馆中的著名残器

这是一件葵口茶碗，口沿部分有六个弧形边，是中国宋代一种常见的茶碗类型。

创作年代： 南宋，12 世纪

类型： 瓷器

尺寸： 高 9.6 厘米；口径 15.4 厘米

来源地： 中国

茶碗的底部有几道裂纹，由六枚锔钉固定，时间久了，这些金属钉逐渐生锈，形成了特有的锈迹。

蚂蝗绊碗，是日本引入的一只中国南宋龙泉窑梅子青六瓣花形茶碗。这件青瓷茶碗的特殊之处在于其经过锔补，锔钉看起来像蚂蟥（即水蛭），尽管表面有瑕疵，但正是这种不完美之美，赢得了人们的青睐，使其成为东京国立博物馆收藏的最具代表性且极富残缺美学特色的珍品之一。

茶碗整体施加青釉，呈现出柔和淡雅的偏粉青色调，由于口沿的釉向下流淌，所以茶碗上半部分的釉较薄，下半部分釉较厚。

存放该茶碗的圆形漆盒内部铺有绸缎。

小提示

龙泉窑瓷器，主要产区在中国浙江省龙泉市，其制作历史超过1700年，宋代时烧制生产达到顶峰。龙泉窑作为中国和世界陶瓷史上的重要名窑之一，以烧制青瓷闻名，龙泉青瓷以其长久的烧制历史、众多的窑址、高品质的产品以及广阔的出口范围而闻名。龙泉青瓷的特性为胎质坚硬灰白、釉层薄而透明。成品以“青翠欲滴，温润如玉”闻名。

龙泉窑青釉出戟三足炉

龙泉窑青瓷凤耳瓶

文物小知识

残缺之美：高超的锔瓷工艺

锔瓷是一种源自中国的传统瓷器修复工艺，通过使用金属丝或者金属条制作的钉子，将破碎的瓷器进行拼合和固定，使其能够重新使用。这种技艺在中国的宋元时期已比较成熟。

中国清代《村市生涯图》中的锔补匠人

锔瓷的过程

修复前，先将瓷器碎片无缝拼合，再用金刚钻在裂缝的两侧钻两个对称的孔（不能把瓷器钻透），插入锔钉后用小锤固定。锔好后，还要用鸡蛋清调和生石灰粉或者瓷粉涂抹在钉孔和瓷器的缝隙处，干燥后即可使用。修复好的瓷器，能盛热水而无泄漏。

中国明代青花网纹钵

中国唐代巩县窑白釉瓷壶

中国明代青花矾红彩云龙纹碗

日本茶道中的残念理念

在日本茶道中，有一种欣赏茶具破损和修复痕迹的美学观念，称为“残念”，即在不完美中寻找美感。这种理念体现在对经金缮或锔瓷修复过的茶具的偏爱上。

日本江户时代道斋或道乐茶碗

日本江户时代白色萨摩烧茶碗

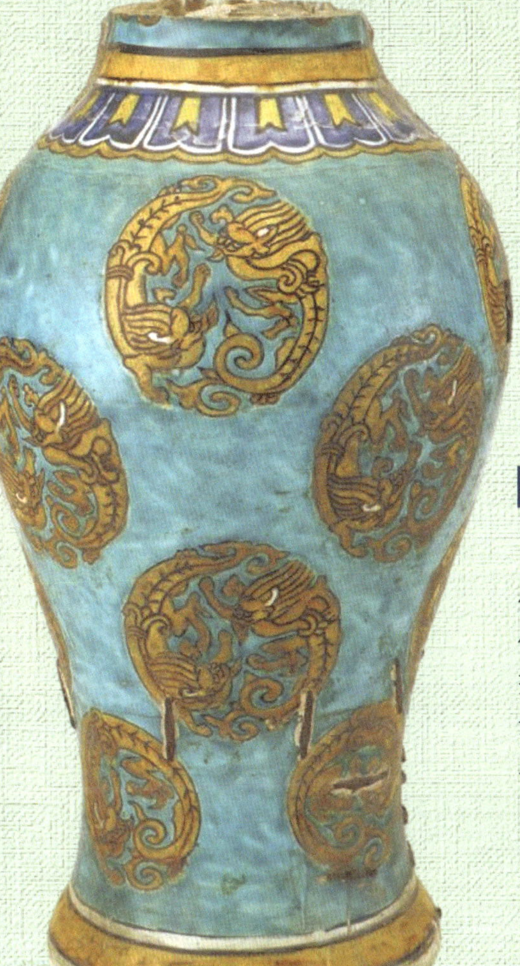

中国明代素三彩团龙瓶

日本江户时代白磁花口钵

金缮手艺

金缮是中国和日本都有的传统修复工艺，使用纯天然材料修补残缺的器物。金缮修复适用范围广泛，主要用于修复瓷器和紫砂器，也可用于修复竹器、象牙、小木器、玉器等。

“蚂蝗绊碗”的传奇身世

据日本儒学家伊藤东涯在1727年撰写的《蚂蝗绊茶瓯记》记载，1175年，平重盛在浙江杭州育王山布施黄金，而佛照禅师将这只茶碗作为回礼赠予他。后来，这只茶碗到了室町幕府将军足利义政手中。因为茶碗底部有裂痕，足利义政希望在中国重新制作一只同样的碗，但由于当时龙泉窑的衰落，无法依样复制，中国工匠便采用锔瓷技术修复了裂痕。足利义政对修复后的茶碗给予高度赞赏，从此这只茶碗被称为“蚂蝗绊”，成为有名的残碗之一。

足利义政画像

五彩花鸟纹大深钵

风靡欧洲的伊万里风格瓷器

创作年代： 江户时代，17 世纪

类型： 瓷器

尺寸： 高 21.4 厘米；口径 30.3 厘米

来源地： 日本

五彩花鸟纹大深钵是伊万里风格中柿右卫门瓷器的典型作品。伊万里烧制瓷器于1659年开始出口到西欧，其独特的彩色瓷艺术风格广受赞誉。器物上面原有一个狮子钮的盖子，现已遗失。

瓷钵通体施白釉，色彩纯净，腹部以五彩装饰，画面中一对蓝色和绿色的鸟站立在翠湖石上，牡丹和菊花错落有致，画面生机盎然。

钵壁上的彩绘花鸟装饰画仿照了中国景德镇窑彩瓷的构图，采用了留白的方式，画面松紧适宜。

小提示

日本伊万里市

伊万里是日本佐贺县西部的港口城市，是日本的彩瓷基地，以模仿中国景德镇的青瓷、彩瓷为主。伊万里瓷器外销品类有三种，分别是仿中国外销瓷风格的瓷器、日本传统器物和由欧洲定制而生产的瓷器。

钵的底部绘制了一条蓝色的边界线以分隔图案带。这也是景德镇瓷器的代表性装饰模式之一，即将主纹和局部装饰带进行区分。

文物小知识

中日陶瓷艺术交流：从日本伊万里瓷器到中国五彩瓷

探索陶瓷艺术的历史，我们不仅见证了文化的创造力，还能观察到不同文化间的相互影响与融合。在中日两国陶瓷艺术的交流中，日本伊万里瓷器的发展提供了一个鲜明的例证。

日本伊万里瓷器对中国陶瓷装饰技术的吸收

彩绘狮子牡丹纹壶

日本伊万里瓷器的装饰性离不开中国景德镇瓷器技术的影响。首先，它吸收了景德镇瓷器装饰中主纹和辅纹结合的方式，并且融合了日本浮世绘的装饰题材和特征。其次，其仍然采用景德镇陶瓷的勾线、分水、洗染、平填水料等技法制作。

彩绘鸡纹平碗

比如这两件文物：彩绘鸡纹平碗中的鸡描绘生动，采用插画风格，碗壁则进行分割，采用辅助装饰带进行装饰，均匀的分割中蕴含着平衡，体现了日本装饰艺术的特点。彩绘狮子牡丹纹壶中则有中国瓷器经典装饰图案，体现了中日陶瓷艺术的融合。

日本伊万里开光瓷器的代表品种："金襕手""柿右卫门"

"金襕手"名字的由来与当时在绢织物上进行的金丝加工的工艺有关。这种装饰不遵循对称性和规律性，只需维持画面均衡性，以自主表达为主。

江户时代肥前烧金襕手古伊万里茶碗

中国晚明金襕手葫芦瓶

柿右卫门风格瓷器

"柿右卫门"是以17世纪著名陶瓷艺术家柿右卫门的名字命名的陶瓷系列。器物多以奶白色作为底色，使用红、绿、黄、蓝等多种颜色绘制花鸟、人物、山水等元素，凭借五彩缤纷的视觉效果广受欢迎。

中国的五彩瓷

日本柿右卫门五彩瓷借鉴了中国五彩瓷技法。五彩瓷器是中国陶瓷艺术的瑰宝，成熟于明代，被称为“大明五彩”。其制作方法是在已烧制的白釉器上施画，使用生料、矾红勾勒线条，仅在矾红色调上体现深浅变化，其他色彩均以透明色填充。图案绘制完成后，在750摄氏度至850摄氏度的窑中烧制。

五彩瓷器装饰花纹丰富，题材多样，比如吉祥图案、花卉禽鸟、婴戏、民间传说等。

中国明代五彩鱼藻纹瓷盖罐

中国清代五彩蝴蝶纹瓶

中国清代五彩三果纹罐

中国清代五彩加金鹭莲纹尊

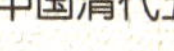

中国清代五彩花鸟图大盖罐

锈绘观鸥图角皿

兄弟合作瓷器

鸥鸟采用写意的手法，寥寥数笔，两只畅游在水中的鸥鸟便跃然瓷盘之上。

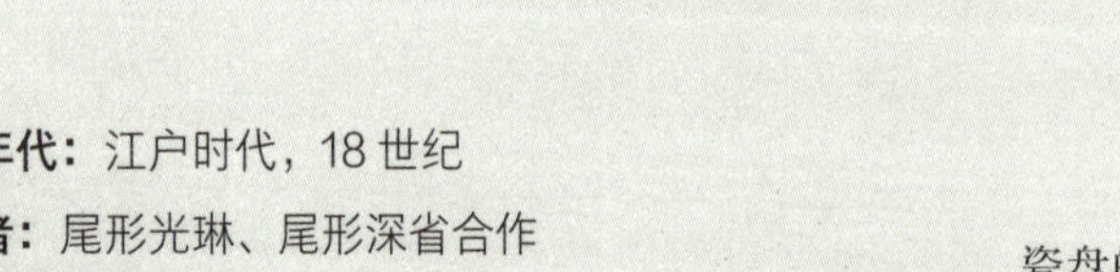

创作年代：江户时代，18 世纪

创作者：尾形光琳、尾形深省合作

类型：陶瓷器

尺寸：高 2.9 厘米；长 22.2 厘米

来源地：日本

瓷盘的内外边缘都装饰有唐草纹。唐草纹具有吉祥寓意，常用来装饰陶瓷、染织、家具等物品。

角皿，即角盘。这件方形瓷角盘是江户时代京都著名画家尾形光琳与其弟尾形深省合作的作品，光琳负责绘制设计图案，深省负责制作。根据角盘上光琳的签名和压花来看，推测这件作品制作于宝永六年到正德二年。它于明治十一年被博物馆购买，并在昭和五十九年（1984年）被指定为重要文化财产。

画作的左下角可以看到“光琳画”签名，表明作品出自江户时代京都的杰出画家尾形光琳之手。

盘子背面的大号铭文书写规整严谨，是尾形光琳的兄弟尾形深省所作。

这幅作品在设计时，运用了中国画中常见的留白技巧和水墨笔触。画面捕捉的是一位穿着中国传统服饰的长者欣赏鸥鸟的静谧时刻。据专家考证，这位老人是中国宋代的诗人黄庭坚。

小提示

尾形深省于元禄十二年（1699年）在京都近郊开设陶窑，成为著名的陶艺工匠。因为陶窑位于都城乾位（西北）方向，所以又名“乾山”，世人称他的作品为“乾山烧”。在乾山烧中，尾形兄弟合作的带铭角盘有20件左右，这些陶器都由兄长光琳绘制胎基，弟弟深省进行烧制，工艺水平极高，是日本陶艺界的瑰宝。

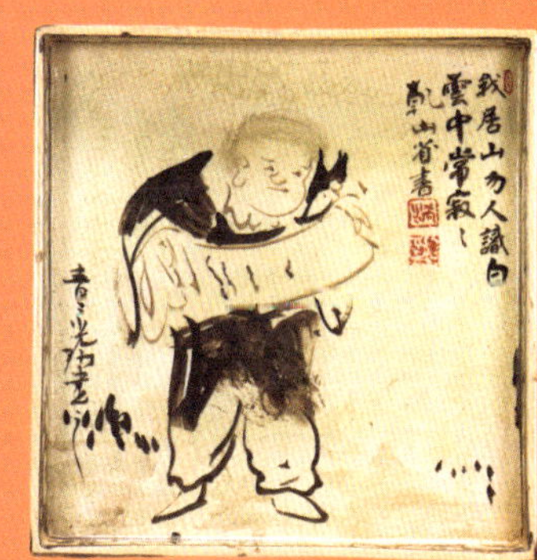

锈绘寒山拾得图角皿　尾形兄弟合作

袈裟襷纹铜铎

弥生时代的珍贵文物

铜铎表面被斜格子纹的带子划分为六个区域，这种装饰方式类似于佛教僧侣的袈裟襷纹。

与此同时，匠人还用凸出的锯齿纹、连续旋涡纹、绫杉纹来装饰器表。

创作年代：弥生时代，公元前 2 世纪 — 公元前 1 世纪
类型：铜器
尺寸：高 42.7 厘米
来源地：日本

铜铎，又称为“铜钟”，其形状呈上窄下宽的圆柱形，内部空心，敲击可发出声响。作为弥生时代独特的仪式用品，铜铎遵循着自身的发展和变化规律。铜铎的结构包括钮（顶部的把手）、铎身（钟体）及铎身两侧的扉棱（装饰性边缘）。虽然其内部设有可敲击发声的舌部，但实际出土的铜铎有铜舌的较为罕见。

铜铎表面用凸线刻画了一系列生动的场景：一个人从高处射击蜻蜓、蝾螈和鹿；一个人持有纺纱机；一座高跷建筑的山墙图案；一人正在用杵敲击钵，还有螳螂、蜘蛛、捕鱼的苍鹭、蜥蜴、野猪、狩猎者和狗等。

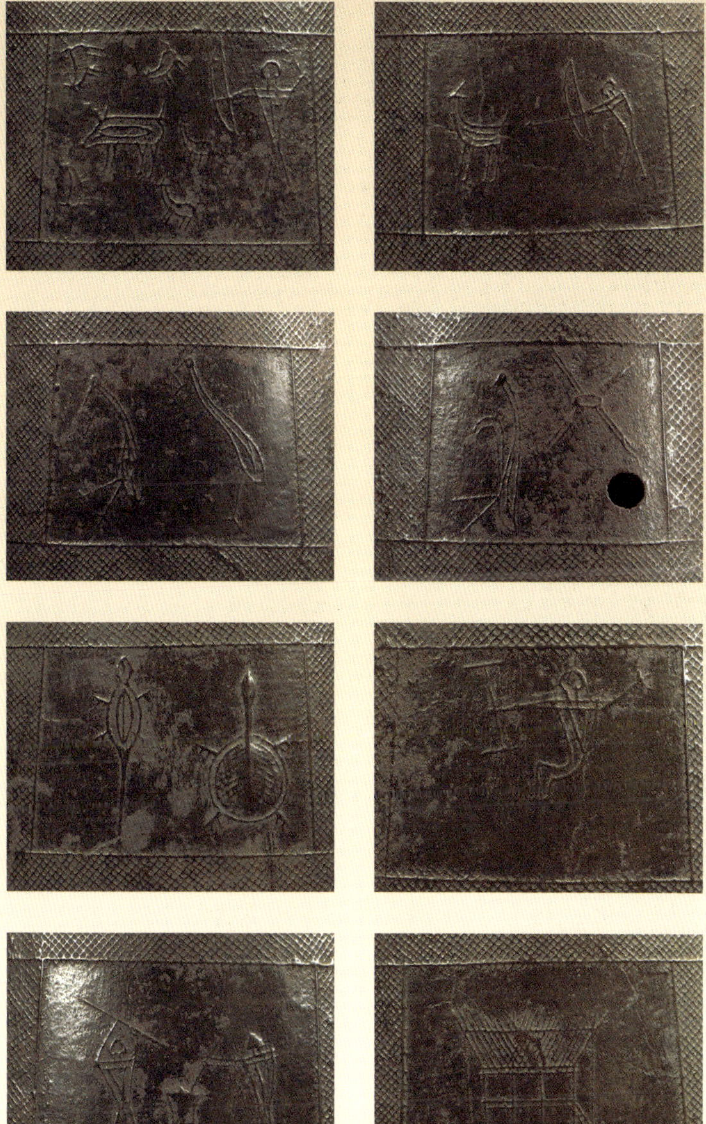

“两人捣臼图”和“高床式（干栏式）建筑图”，更是生动地展示了日本进入农耕时代后居民的生活情形，具有十分重要的价值。

小提示

日本在弥生时代正式进入定居的农业社会，这一时期出现了水稻种植和金属器具制作，其中铜铎是一个显著的代表。大多数现存的铜铎为出土物，它们的埋藏地点经过了精心挑选，一般埋藏在离聚落区有一段距离的向阳坡上。

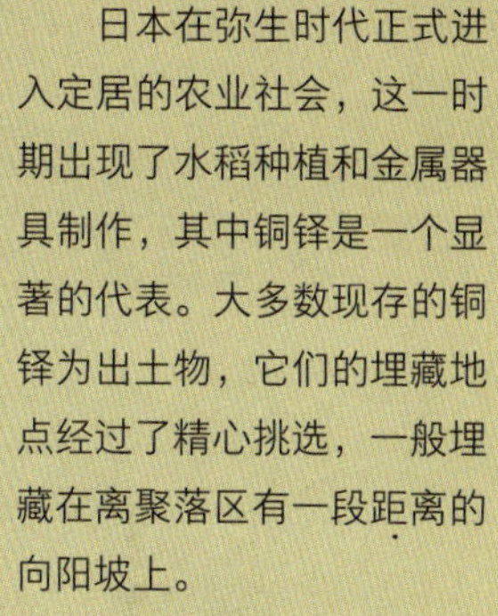

另一件袈裟襻纹铜铎

流水纹铜铎

关于铜铎埋藏的目的，有三种主要可能：一是作为祭品需要被埋藏在地底；二是作为使用过的祭祀用具，因废弃而被埋藏；三是在当时，埋藏也是一种保管方式。日本考古学家佐原真认为铜铎被视为神圣物品，故被埋藏在“圣域”中以便保管，待祭祀时再取出使用，这种埋藏与取出的过程也是祭祀仪式的重要部分。

如来立像

止利派风格雕像

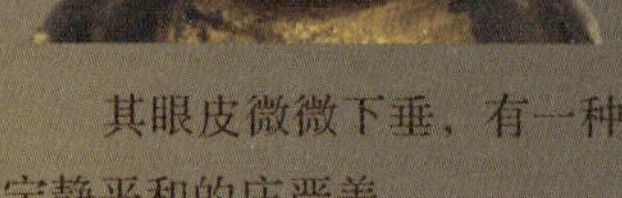

其眼皮微微下垂，有一种宁静平和的庄严美。

手指的每一处都被清晰地刻画出来，指尖部分甚至可以见到指甲，增强了雕像的逼真度。

这尊如来立像，人物右手抬起至胸前，左手垂下，似乎在作传统的佛教手印。

创作年代： 飞鸟时代，7 世纪

类型： 金属雕像

尺寸： 全高 34.6 厘米

来源地： 日本

这是一尊止利派如来立像，其头部和手部的比例相较于身体的其他部分显得较大，这是该流派风格的一种特征。这尊如来立像的面容庄严，表情慈悲而平和，体现了佛教艺术中追求的内在灵性与外在形式的和谐。

如来的袈裟从肩膀垂落，褶皱自然流畅，显示出精湛的工艺。正面的衣服末端披在左前臂上，而背面的袈裟则披在左肩上，这种方式是止利派如来像的特点之一。

佛像本体和台座一次铸成，肉髻下缘内部为中空。颈部内有模土附着，其中央部分留有小孔并与头部的中空部分相通，这可能是铁芯抽出的痕迹。

小提示

佛教从西域传入中国，在唐代传入日本，已有1400余年的历史。据统计，日本国土范围内有约7.5万座寺院、30万尊以上的佛像。世界最古老的木造寺院法隆寺，以及最古老的佛典古文书都在日本。

日本『牛久大佛』

海矶镜

精美的中国唐代铜镜

创作年代： 中国唐代或日本天平时代，8 世纪

类型： 铜器

尺寸： 一面直径 46.5 厘米；一面直径 46.2 厘米

来源地： 日本

铜镜背面四个方位铸有四座海上仙山，山尖都朝向镜钮。四座仙山和中间的镜钮代表中国五岳，分别是东岳泰山、西岳华山、南岳衡山、北岳恒山和中岳嵩山。五座山与五行相对应，泰山为木、华山为金、衡山为火、恒山为水、嵩山为土。

法隆寺宝物中有两面海矶镜，都是由光明皇后在圣德亲王逝世纪念日献给法隆寺的。两面镜子的直径略有不同，但镜子背面的图案非常相似，都是中国式的图案。目前尚未确定两者是在同一个模具中还是在各自不同的模具中制造的。

中国唐代的铜镜一般较为厚重，铸造时增加了锡的配比，质地更坚硬，颜色偏白，花纹清晰，表面匀净。

铜镜上的海水纹，通过研究发现是中国的四条独流入海的大川，即“四渎”，具体是长江、黄河、淮河和济水。

另一面海矶镜

中国唐代铜镜的装饰构图并未严格对称，而是采用了追求均衡的构图风格。四面的森林、坐在岩石上的人物、狮子、鹿、鸟等元素都被均衡地安排在镜背。

小提示

唐代是中国铜镜发展的全盛时期。这个时期铜镜造型新颖多样，除了继承传统的圆形、方形镜制，还创新出菱花形、葵花形、“亚”字形和带把铜镜。这些铜镜纹饰清晰简洁，人物、鸟兽、花草都雕刻得生动精致，反映了古人雅致的生活情趣。

瑞花双凤八棱镜

禽兽葡萄镜

蟠龟八花镜

金铜火焰宝珠形舍利容器

形式特异的舍利塔

这件舍利塔采用多种工艺制成，有钣金、锤錾、錾刻、编接、镂雕、鎏金、贴金、抛光、模压、焊接等，细节刻画精致，技术娴熟，具有很高的艺术价值。

舍利塔的上方是环形圆相，在圆相内置有造型精美的莲台，莲台上方供奉有宝珠形的舍利容器，外围有一圈向上燃烧的火焰纹饰。

年代： 镰仓时代，13 世纪

类型： 铜器

尺寸： 高 53 厘米

来源地： 日本

这件文物是用来盛放佛舍利的金属工艺品。所有部件均由黄铜铸造并鎏金，最后组合而成。整座舍利塔造型独特，做工精湛，优美大气，是舍利塔中的经典之作。

舍利塔的衔接处为金刚杵造型。金刚杵又叫宝杵、降魔杵等，原为古代印度的武器。由于质地坚固，故称金刚杵。

在四方形的基座上，装有轮宝，立有用于宗教仪式的五股杵。

小提示

舍利，是佛教术语，意指遗体或遗骨。据说只有得道高僧圆寂火化后，才会出现舍利，十分罕见。在印度，舍利被视为释迦牟尼的神圣遗物并加以崇拜。这种信仰后来传入日本，日本人常将水晶或玛瑙等小颗粒宝石视为舍利，放入容器中礼拜。

佛塔形舍利容器

眠是圖正未知
孰為甲乙一再
展玩雲山埜水
真不啻卧遊矣
董跋謂顧氏名
卷有四今乃散
而復合尔吳豐
城之遇也乾隆
御識

潇湘卧游图

中国南宋山水画

乾隆皇帝亲笔写下的“气吞云梦”，他称此画为“千古神物”。

画卷前半段是绘画部分，画家用淡墨渲染山体，勾勒出远山的轮廓，表现了山的质感和空间的深远。这正是中国传统山水画的“远山淡墨”画法。

《潇湘卧游图》全卷采用以大观小的观察方式，全景式构图，通过控制墨色浓淡来表现潇湘山水的朦胧感觉。

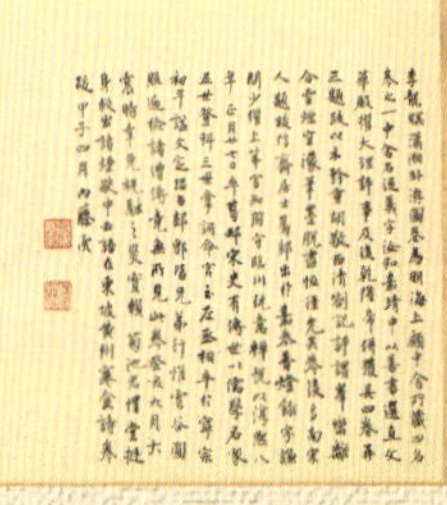

画卷后半段为书法部分，现存的题跋共14条，其中9条为中国南宋时所题，5条为明清时期和近代所题。通过题跋可知，南宋时期士人阶层有浓厚的修禅风气，士人与禅师之间有密切的交流，同时，也可梳理出画卷的流传历史。

创作年代：中国南宋时代，12世纪

创作者：李氏

类型：纸本山水画

尺寸：纵30.3厘米；横400.4厘米

来源地：中国

《潇湘卧游图》是现存中国宋代水墨山水画中最为优秀的作品之一，画家的名字已不可考，据传为南宋李氏（与李公麟同乡的一位李姓画家）所作。这幅作品与宋摹《女史箴图》《蜀川胜概图》《九歌图》并列称为乾隆内府收藏的“四美卷”。

画卷近景部分的树主要采用细腻的没骨法，只展现部分树干和树冠。这种高度概括且符号化的意象，营造出了一种朦胧而湿润的景象。

画卷中远景的山脉高低起伏，运用了虚实、明暗的对比来表现山的阴阳方向，营造出丰富的空间感和立体感。

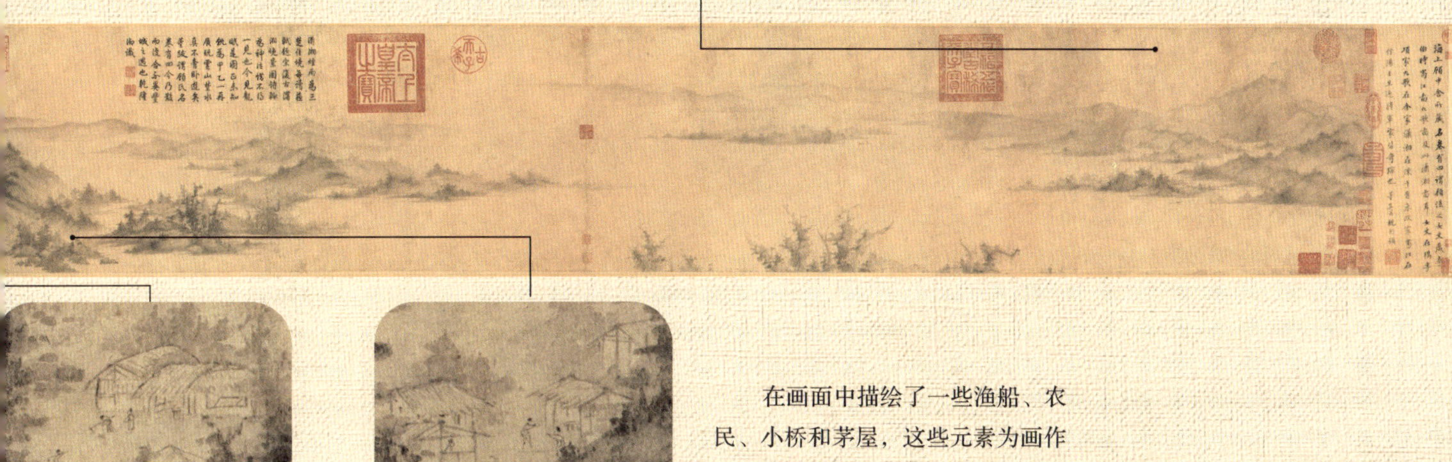

在画面中描绘了一些渔船、农民、小桥和茅屋，这些元素为画作增添了浓厚的生活气息，营造出充满人情味的江南水乡景致。

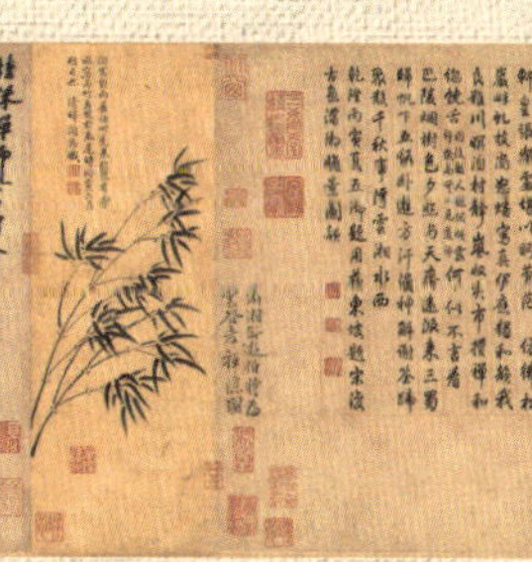

小提示

潇湘，古时指中国湖南地区潇水与湘江的汇合之处，后来逐渐成为地域名称。五代时期，以潇湘为题材的诗歌和绘画作品开始流行，并在北宋时期逐渐成熟。文人墨客纷纷以潇湘为背景作画吟诗。

《潇湘奇观图》（局部） 米友仁 中国南宋

文物小知识

士人精神世界具象化：中国南宋时期的卧游山水画

“卧游”一词的由来

中国南朝画家宗炳最早提出了“卧游”的概念。宗炳一生酷好山水和旅游，他的“南登衡岳”之旅在绘画史上开启了湘江、洞庭探游的先河。晚年“老疾俱至，名山恐难遍睹。唯当澄怀观道，卧以游之”，宗炳转而力求在山水画中完成体道、观道的追求。

中国南宋时期，日本禅僧云谷圆照一生遍游四方，慕好潇湘山水，但未曾亲临潇湘，因而向画家搜集潇湘山水画，最终从李氏处获得《潇湘卧游图》。他将其命名为“卧游图”，意指以“卧游”的方式游览潇湘，以观赏山水的方式修禅、参禅。卧游山水超越了现实空间的限制，引领观者进入一种心灵自由的境界。

“卧游”不仅是中国唐宋以来文人对哲学和道家思想的一种理解和境界追求，也是画家表达个人生命感悟和智慧的方式。它将一种观画思维演变为文人欣赏山水画的方式，具有代替观画者游历山水的功能。到了明代，“卧游”的概念不仅在绘画领域得到发展，还扩展到诗歌、小说、戏剧等艺术门类中，成为表述中国传统哲学及对自然和平淡生活的艺术概念。

山市晴岚

渔村夕照

中国山水画中的“三远”

中国北宋山水画家郭熙总结“三远”法：“山有三远：自山下而仰山巅，谓之高远；自山前而窥山后，谓之深远；自近山而望远山，谓之平远。高远之色清明；深远之色重晦；平远之色有明有晦。高远之势突兀，深远之意重叠，平远之意冲融而缥缥缈缈。其人物之在三远也，高远者明了，深远者细碎，平远者冲淡。明了者不短，细碎者不长，冲淡者不大。此三远也。”“三远”法的提出，开辟了中国画构图中散点透视原理的先河。

烟寺晚钟

远浦归帆

潇湘夜雨

平沙落雁

洞庭秋月

江天暮雪

《潇湘八景图》 明 张龙章 美国费城艺术博物馆藏

高远反映的是一种仰视所见的巍峨宏伟的山势。范宽的《溪山行旅图》，就是以高远法构图创作的成功之作。

深远就是“自山前而窥山后”。王蒙作的《青卞隐居图》是以深远见胜的杰作。

《溪山行旅图》 范宽

《青卞隐居图》 王蒙

《水村图》 元 赵孟頫 故宫博物院藏

山水屏风

平安时代屏风画中唯一传世品

每一扇屏风都有边框，六扇整体构成了一个连续的大画面。以画面中线为界线，上下方分别可分为近景、中景和远景。中景、远景部分的景物逐渐变小，画面中缓丘、横向伸展的水面和远山，组成了舒适恬静的春季景致。横向分布的雾气连接近景及远景，模糊了轮廓，避免了生硬的衔接。

创作年代： 平安时代，11 世纪

类型： 绢制屏风画

尺寸： 各纵 146.4 厘米；各横 42.7 厘米（共 6 扇）

虽然这幅画中所描绘的景色，有中国山水画的影响，但画中的云霞、树木等细微之处的画法和表现方式与 11 世纪的日本

此件山水屏风是一组绢本着色、六扇一双的五尺屏风，该屏风原本为室内日常器具，后作为佛教仪式的法具引入京都东寺，用来增添法会的威严。屏风上的画作吸收了中国唐代绘画风格，即所谓“唐绘”。

山峰顶端的青绿色体现了唐代青绿山水的影响，但平坦的山丘和明亮的色调等都体现出日式风格。

第一扇和第六扇的画面中有踏青结束归家的游客，既增加了画面的叙事感，也使画面构图更加平衡。

小提示

唐绘，指公元7世纪至9世纪从中国输入日本的绘画，其概念在不同时代有所不同。在平安时代，唐绘指从中国唐代引进的画或具唐代风格的日本绘画，与大和绘相区别。在镰仓时代，唐绘指中国的宋、元画或日本模仿宋代风格的水墨画。室町时代及其后，泛指中国绘画。

唐绘对日本绘画的发展产生了深远影响，大和绘、日本水墨画、狩野派、日本文人画等都吸取过唐绘的内容和形式。

《鸟毛立女屏风》（局部） 日本正仓院藏

美人回眸图

江户时代美人画的经典之作

美人的眉毛浓密突出，眼角上扬呈丹凤形，鼻梁修长，嘴唇如樱桃，几乎没有表情，这是菱川师宣画人物肖像的一贯手法。

美人的发丝优雅下垂，底端以环形的方式结绑，这种倭髻发型在当时十分流行。头上的发梳似乎是用龟壳制成的高档装饰品。

美人穿着振袖样式的红色和服，布料富有光泽。和服的肩部、袖口与下摆处均有菊花与樱花图案的刺绣。此外，腰带的打结方式是当时的一位旦角演员设计的。

创作者：菱川师宣

创作年代：江户时代，17 世纪

类型：浮世绘

尺寸：纵 63.2 厘米；横 30 厘米

来源地：日本

《美人回眸图》出自日本浮世绘绘画之祖、江户时代浮世绘画家菱川师宣之手。画面描绘了一位身着红色和服的少女回眸的瞬间。菱川师宣描绘的女性形象十分受欢迎，曾有一种说法，“只有菱川师宣笔下的美女才是真正的江户女郎”。

小提示

浮世绘，是日本木刻风俗版画的总称，因为流行于日本的江户时代，所以又称江户绘。浮世绘的题材非常广泛，有社会时事、市民生活、历史故事、民间传说、戏曲场景、山川景物、花鸟静物等。浮世绘反映了日本底层社会人民的现实生活，体现了市民阶层的美学意识，肯定并描绘了他们的生活风俗和思想感情，一些作品还直接嘲笑和讽刺了当时腐朽的武士制度和封建道德。浮世绘分为手画和版画两种形式，但通常提到的浮世绘指版画。

《神奈川冲浪里》 葛饰北斋

《富岳三十六景》之一

江户时期，随着市民文化的兴起，画家为迎合市民的喜好，开始把歌舞伎的表演、美人梳妆等场景融入作品中，受到人们热烈追捧，美人画因此开始风靡。这类作品通常着重展现女性风采，包括她们的身姿、装束、社交习俗和情感表达，以突出其雅致和魅力。

《娘日时计》（之一） 喜多川歌麿

《井筒中居卷、艺伎青屋伏屋》 荣松斋长喜

《江户宽政年间三美人》 喜多川歌麿

美人画在浮世绘艺术中占据重要位置，其发展可以大致分为两个时期：早期美人画以民间风俗为主要内容，注重表现具有生命力的事物；中期则逐渐形成一种更为固定的类型化表达，此类作品中的女性角色多样，包括艺伎、普通市民妇女、传统文学作品中的女性等。代表画家有菱川师宣、鸟居清信、鸟居清长、葛饰北斋、铃木春信和喜多川歌麿等。

普贤菩萨像

平安时代后期佛教绘画的杰作

这幅画作生动地展现了普贤菩萨骑乘一头白象，从东方净妙国土降临的场景。图中普贤菩萨手执如意，坐于大象背负的双层仰莲台上，身处飞舞的花朵之中

白象从画面右侧即东方步入，其头部转向后方，仿佛在回望

创作年代：平安时代，12 世纪

类型：绢本设色菩萨画像

尺寸：纵 159.1 厘米；横 74.5 厘米

来源地：日本

这幅12世纪平安时代的作品是日本佛教绘画史上的佳作，展现了当时的审美和技艺。根据昭和二十五年《文化财产保护法》，此作品被指定为首批国宝之一。

这幅画是在丝绸画布上使用矿石颜料和金银材料绘制而成，普贤菩萨的法衣、莲座、象鞍等部位用切割成细丝的金箔贴出精致花纹。这种技法称为“截金”，这种技法使画面图案更为精美。

菩萨头顶虚浮着由香花编织而成的华盖，营造出一种如梦似幻的氛围。

衣裳沿着台座下垂的状态十分写实，红、绿等颜色对比十分鲜明，这些元素在当时日本绘画中并不常见，而是受到了当时中国佛教绘画风格的影响。

小提示

普贤菩萨是大乘佛教的四大菩萨之一，象征着理德、行德，与象征着智德、正德的文殊菩萨相对应，同为释迦牟尼佛的左、右胁侍。普贤菩萨的坐骑是象征着“愿行广大，功德圆满”的六牙白象。

《普贤十罗刹女像》

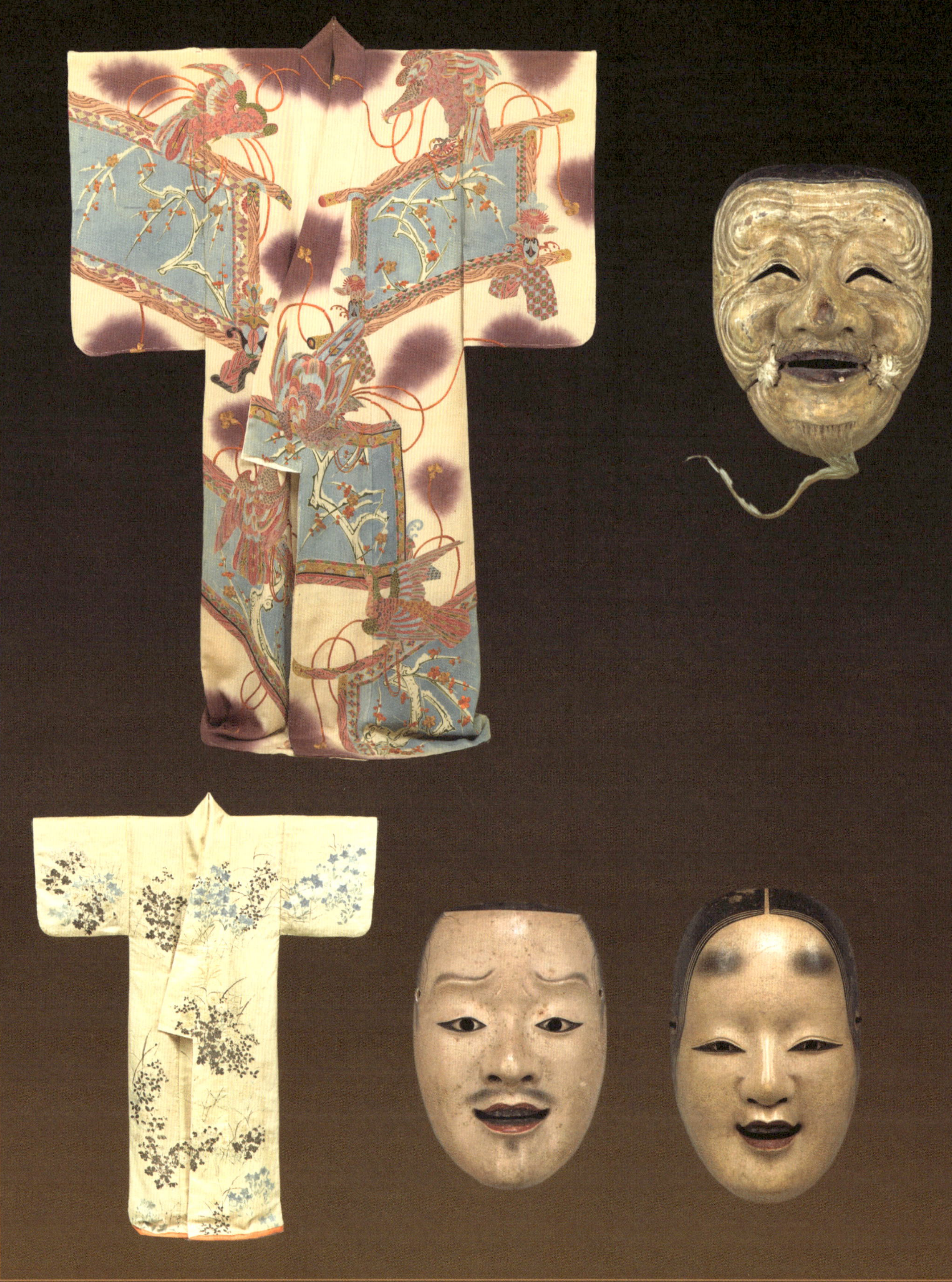

MISCELLANEOUS UTENSILS / 杂器

不动明王立像

平安时代不动明王的典型雕像

在佛教宗派之一的密教中，大日如来被尊崇为宇宙的中心。明王为大日如来的化身，通过展示明王愤怒的表情与威吓的姿态，促使众生坚定对佛法的信仰。因此，明王的造像往往面容恐怖，身体通常被描绘成红、蓝等颜色，并且携带各种武器。

明王造型独特，佛像姿势为右肩抬起，重心落于右脚，展现出强大的力量感。右手握着一把剑，而左手拿着“羂索”。这些并不是用于抗敌的武器，剑用来斩断人们的烦恼，羂索则用来拯救众生。

创作年代： 平安时代，11 世纪

类型： 木制雕像

尺寸： 雕像高 166.1 厘米；基座高 40.6 厘米；背光高 236.4 厘米

来源地： 日本

这尊雕像是平安时代后期的不动明王立像，展现了该时期佛教艺术的深奥特质。该时期的不动明王造像特征为左眼半睁，嘴部露出獠牙，这件作品精准地捕捉了不动明王的传统形象特征，反映了当时的雕塑风格。

这尊雕像头发为鬈发，辫发垂落在左肩上，他的左眼半闭，嘴唇间露出牙齿。不动明王还有一种基本形态：头发全部向后，辫发同样垂于左肩，大睁双目，上齿咬下唇。

雕像采用扁柏木精心雕刻而成，体表施有彩绘。佛像的内部是空心的，头部和身体的躯干部分由一整根木材雕刻而成，下半身造型浑厚稳重。佛像衣服上的衣褶纹路齐整，显示出高雅的韵味。

小提示

不动明王，即不动尊菩萨，“不动”指慈悲心坚固，无可撼动；“明”是智慧之光明；“王”指驾驭一切现象者。不动明王是明王中最重要的尊格，居于五大明王中心位置，即首位，其他四尊明王围绕在他身边。不动明王与观音菩萨和地藏菩萨并列，是日本民间信仰中的三大主要菩萨之一。

《不动明王八大童子像》

菊花螺钿马鞍

中世纪日本的螺钿艺术

马鞍前部

与平安时代末期之后常见的在前轮雕刻手形的马鞍不同，本作品采用半月形的切口，这一点颇为罕见。

全鞍涂以深邃的黑漆，而前、后轮的表面与内侧均用螺钿精心装饰。这种螺钿技术使用了细腻的夜光贝片，其被巧妙地切割成细至 1 毫米以下的轮廓线，精心描绘出菊花枝、蜻蜓和蝴蝶等自然图案。这些精细的图案不仅展现了匠人的高超技艺，也体现了他们在适应复杂曲面时的材料选择与处理技术，充分显示了中世纪螺钿技术的极高水平。

创作年代：镰仓时代，13 世纪 — 14 世纪

类型：木制用品

尺寸：前轮高 30.5 厘米；

后轮高 30 厘米；

居木长 43 厘米

来源地：日本

在众多中世纪螺钿鞍中，这件菊花螺钿马鞍以其精细的螺钿工艺和流畅优美的造型独树一帜。其巧妙地将宽阔的海洋与岩石景观融入马鞍的前轮和后轮设计中，而高耸的重心和延伸的细长鞍爪与中世纪初期的鞍具形成了鲜明的对比。这些设计细节不仅体现了匠人的精湛技艺，也赋予了这件马鞍独特的美学价值。

马鞍后部

居木

后轮

前轮

日本马鞍主要由居木、前轮、后轮三部分组成。居木倚靠腰身，前轮和后轮能起到支撑稳固的作用。

马鞍连接轮部的居木展现了不同寻常的外观，其表面施以填梨子地装饰，增添了一种独特的视觉效果。此外，这副马鞍还曾是明治至昭和时代知名实业家益田孝（钝翁，1848年—1938年）的珍藏，这一背景进一步增添了这副马鞍的历史价值与文化价值。

小提示

马鞍，是放在马背上供人骑乘的道具，两头高，中间低。日本本来没有马，据说最早的马和骑马文化传入日本是在2世纪左右的弥生时代。日本马具既注重功能性又注重形式美，有着独特的马具文化。

《骑马武士像》

《本田忠胜小牧川军功图》（局部）

文物小知识

日本马鞍的演变：从唐鞍开始的文化探索

日本马鞍的发展历程是一段深受中国文化影响且富有创新的历史。起初，日本对马鞍的使用主要受到了中国马鞍的影响，这种早期的马鞍被称为“唐鞍”，它在正式场合如朝仪和接待外国使节时扮演着重要角色。随着时间的推移，尤其是进入平安时代，日本马鞍的种类和功能开始多样化，逐渐衍生出符合不同社会和军事需求的多种马鞍类型，比如出公务用的“移鞍”，与武士服装配套的“水干鞍”。到了日本战国时代，马鞍不仅具有实用性，还增添了装饰性，反映了那一时期武将对豪华生活和权力的追求。

萩螺钿鞍

龟甲地螺钿鞍

芦穗莳绘鞍

此外，“和鞍”或“大和鞍”是经过本土化改良的装饰马鞍，特别是在鞍桥的设计上，与唐鞍相比有所不同。例如在前后轮的内侧设有切口，并装有居木尖和马镫舌头状部件。这种马鞍的设计注重实用性，如配有有助于清除装束上的污垢的结构，并配有差绳。

螺钿工艺常用的材料

日本从镰仓时代开始使用螺钿装饰马鞍。螺钿工艺选择的是天然材料，如发光的螺壳、鲍鱼壳、珍珠母贝等色彩绚丽的贝壳。日本常用的螺钿材料有：冲绳产的夜光蝾螺、阿拉弗拉海及南太平洋区域产的大珠母贝和珠母贝、日本产的鲍鱼壳等。根据材料的薄厚不同，螺钿的制法被分为了两种：厚螺钿和薄螺钿。

厚螺钿制法需要先在漆器上将想要的图案雕刻出来，接着锯开贝壳并裁切、镶嵌，最后还要装饰莳绘并抛光。薄螺钿制法一般是用刻刀切开薄贝，直接在薄贝上涂漆并粘在漆器上，粘好后还要再涂一层漆，打磨后再加上莳绘。

鲍鱼壳

漆器为何昂贵

漆器之所以珍贵，主要归因于它的核心原料——漆液。漆艺使用的生漆来自漆树，每年只能采集一次，采集后的生漆要放置3年至5年才能达到使用标准。漆料的提取和处理过程烦琐，漆液对皮肤有强烈的刺激性，需要精心采集和特殊处理。

从漆树上割取漆液

牡丹唐草纹螺钿箱

柴垣莺莳绘砚箱

莳绘螺钿花鸟纹方酒瓶及收纳箱

漆器的制作十分不易，匠人要经过长期的学习和实践才能掌握涂漆、雕刻、螺钿、莳绘等多种技术。高质量的漆器需要涂抹数十层的漆，每层都需要自然风干，这个过程可能会持续数周甚至数月不等，较高的时间成本自然增加了漆器的价值。有些漆器还会使用贵重的装饰材料，如金、银、贝壳、象牙等，进一步提升了它的价值。

白绉绸地梅树立屏鹰振袖

具有仪式感的服饰

白色的丝绸基底上描绘有一扇扇梅树屏风，屏风上栖息着老鹰。曲折的梅花花枝展现了独特的美感。

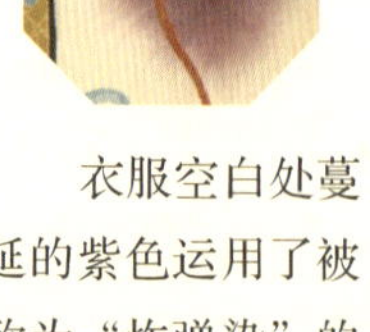

衣服空白处蔓延的紫色运用了被称为“炸弹染”的染色手法。

从配色上看，蓝色的背景与红色的梅花形成对比，再以金色点缀，显得很高级。

创作年代： 江户时代，18 世纪

类型： 丝绸振袖和服

尺寸： 衣长 161 厘米；袖长 64 厘米

来源地： 日本

这是一件构图大胆且色彩丰富的华丽振袖，是江户时期采用友禅染技法制作的经典织物。长袖摆的振袖和服上染有精致华丽的图案，据立屏上威风凛凛的雄鹰可推测，这件和服应该并非女性服装，而是为年轻男子所制的。

屏风的纹理与鹰的羽毛描绘得非常细致，这是因为在染织前，用糯米糨糊做了打底，以防颜色渗入布料。屏风上的梅花则是用红线和金线绣制而成。

小提示

振袖，是和服的一种，即长袖。一般仅限女孩和未婚女子穿着。不过男孩过七五三庆典时也会穿着振袖式样的礼服。振袖按袖长可分为三种类型：大振袖、中振袖和小振袖。大振袖的袖长约110厘米至120厘米，可及脚踝，纹样一般采用友禅染和扎染工艺，并贴金箔或刺绣，显得极为华丽。中振袖的袖长约90厘米至98厘米，穿上后大约到小腿肚位置。小振袖的袖长约为76厘米，给人以可爱的感觉。

各种图案纹样的振袖

白绫地秋草模样小袖

和服中的自然之美

这件小袖领口在胸前交叠，左领覆盖右领。袖口收紧，能适应日常活动的需要，同时保持了整体造型的优雅。

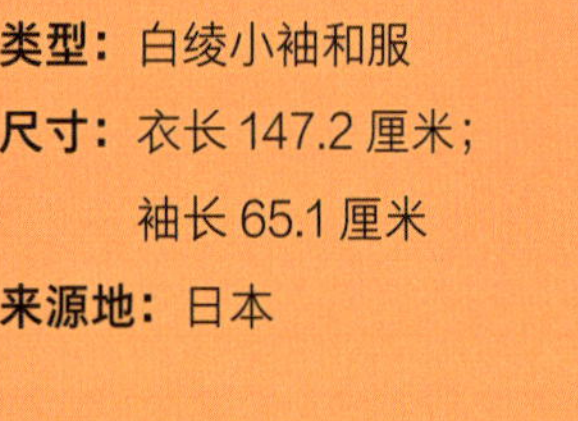

创作年代：江户时代，18 世纪
类型：白绫小袖和服
尺寸：衣长 147.2 厘米；
袖长 65.1 厘米
来源地：日本

后背部分描绘的是秋草随风摇曳的草原景象，采用了印象主义绘画方式，通过精心描绘局部，巧妙地捕捉了草丛在风中波动的瞬间，描绘出生动且充满诗意的自然景象。

白绫地秋草模样小袖又名“冬木小袖”，是尾形光琳为江户深川的木材商冬木屋夫人绘制的。小袖采用白色绫地布料，上面描绘了桔梗和菊花等秋日的植物纹样。故意使用不是植物本身颜色的蓝黑色调，在享保年间的小袖样式中尤为流行，体现了尾形光琳在装饰性和绘画性上的高超审美。

小提示

小袖　白茶地桐竹图案绫

小袖，是日本和服形制的一种，指的是两片袖结构中较小的袖片，也称内袖或里袖。小袖一方面作为室町时代晚期的贴身服装，另一方面也作为一般人家出身女性的小袖和服。桃山时代，随着经济愈发繁荣，小袖和服也成为当时社会妇女们在重要场合的服装。

小袖　白练贯地草花纹样段片身替

日本独特的自然环境和气候孕育了日本的森林思想，延伸出万物有灵、人与自然和谐相处等观念，这些观念融入了日本人的日常生活和审美之中。日本和服的图案和配色多从自然花草树木中获取灵感，植物元素还会根据季节变化而有不同的选择。制作和服需要使用的颜料名称，大部分也与自然中的物象相关。

能面三番叟

翁舞面具

三番叟面具，展现的是一位肤色黝黑、牙齿稀疏、寻常可亲的老翁形象。

创作者：日光作，能静（花押）
创作年代：南北朝时代，14 世纪
类型：雕刻面具
尺寸：纵 16.5 厘米
来源地：日本

三番叟面具的颚部是上下分离的，中间用绳索连接，可以活动。眉毛和胡须采用植毛方式制作。

三番叟，又名黑色尉，与之相对的有白色尉，两者都在翁舞中使用。翁舞是一种祈祷或庆祝天下太平、五谷丰登的祭神舞蹈，平安时代后期就已出现。对日本百姓来说，三番叟面具是一种神圣的物品，即便到了现代，艺人佩戴面具之前也需要斋戒一段时间。

该面具所使用的木材为阔叶树，下颚与上颚的木纹相连，应是制作时锯开的。

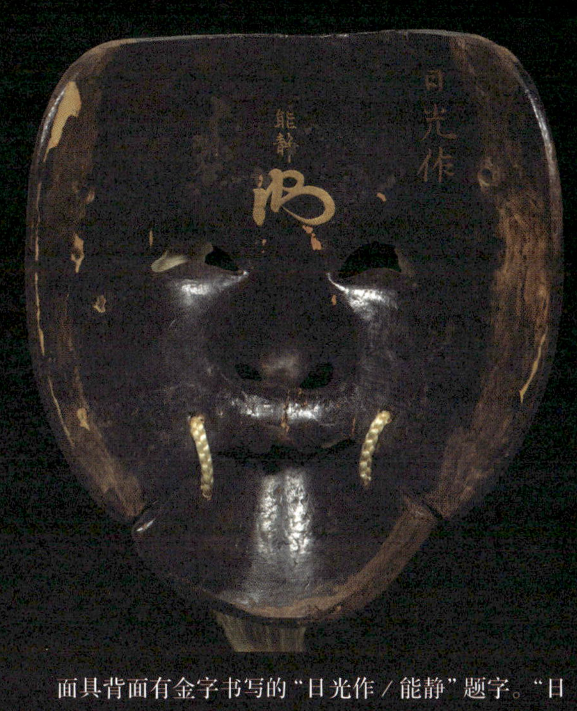

面具背面有金字书写的“日光作／能静”题字。“日光”是传说中擅长翁面的面具制作师；能静则是幕府末期至明治时代的能乐流派“喜多流”的嫡传世家。

小提示

能乐，日语意为“有情节的艺能”，是日本传统艺术中最具代表性的一种。能乐起源于奈良时代，受到了中国唐代伎乐和散乐的影响。广义而言，能乐包括“能”与“狂言”两项，“能”的特点在于表演时使用面具，通常在扮演鬼魂、妇女、儿童和老人的角色时使用。“狂言”是从散乐滑稽表演衍生出来的，在喜剧对话的基础上，极少用面具。“能”和“狂言”关系紧密，常同台演出。狭义来说，能乐是以主演的歌舞表演为中心，以唱念和奏乐为辅的音乐剧。

能面白色尉（翁）

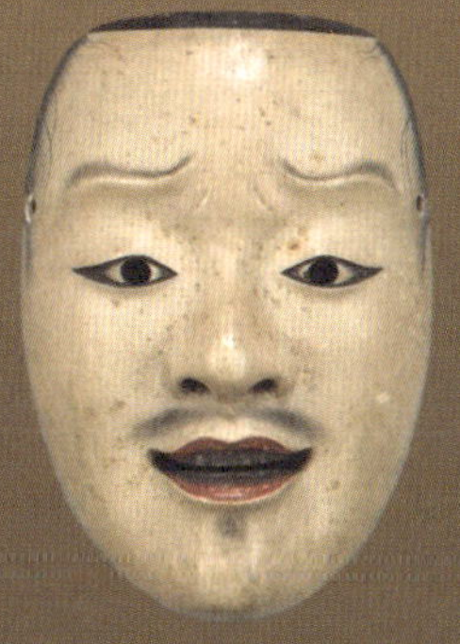

邯郸男

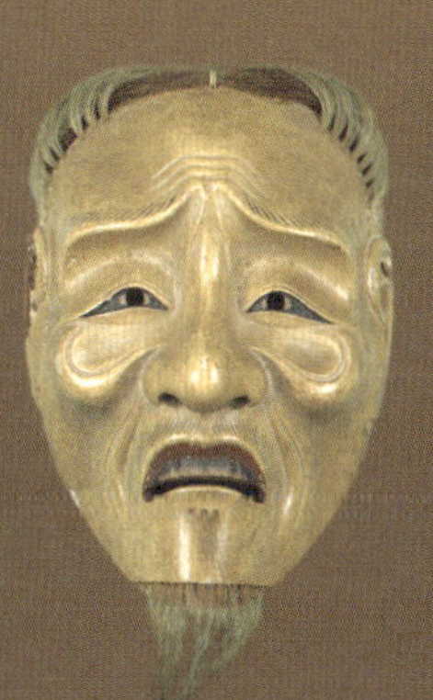

能面小尉

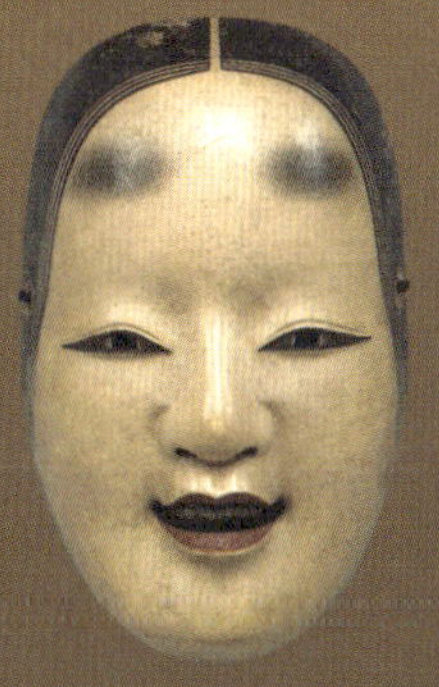

能面小面

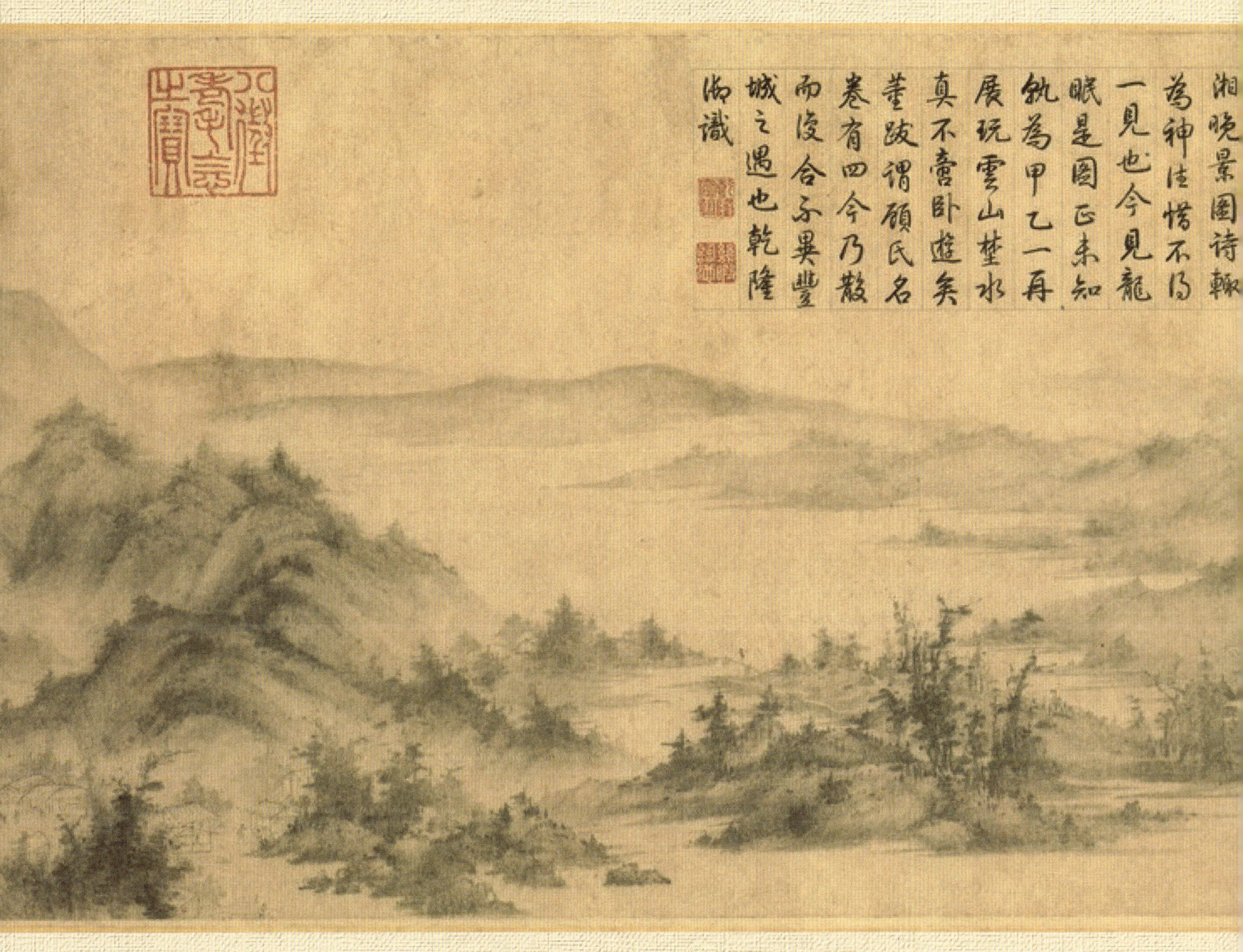
湘晚景圖詩輙
為神往惜不得
一見也今見龍
眠是圖正未知
孰為甲乙一再
展玩雲山墨水
真不啻臥遊矣
董跋謂顧氏名
卷有四今乃散
而復合不異豐
城之遇也乾隆
御識

日本其他博物馆名录（节选）

京都国立博物馆

国立科学博物馆

东京都现代美术馆

国立西洋美术馆

奈良国立博物馆

九州国立博物馆

美秀（MIHO）美术馆

吉卜力美术馆

大阪市博物馆

名古屋市博物馆

菩萨立像

图书在版编目（CIP）数据

世界博物馆全书. 第一辑. 东京国立博物馆 / 红糖美学著. -- 武汉：华中科技大学出版社. 2024. 11.
（世界瑰宝系列）. -- ISBN 978-7-5772-1165-7

Ⅰ. G269.1

中国国家版本馆CIP数据核字第202456JT69号

世界博物馆全书. 第一辑 东京国立博物馆

Shijie Bowuguan Quanshu Di-yi Ji Dongjing Guoli Bowuguan

红糖美学 著

出版发行：华中科技大学出版社（中国·武汉）
华中科技大学出版社有限责任公司艺术分公司

电话：（027）81321913
（010）67326910-6023

出 版 人：阮海洪

责任编辑：张 颖 刘昊威 杨志新
封面设计：JOJO

责任监印：赵 月 张 丽

制 作：王玉平
印 刷：北京兰星球彩色印刷有限公司
开 本：889mm × 1194mm 1/16
印 张：60
字 数：550千字
版 次：2024年11月第1版第1次印刷
定 价：998.00元（全10册）